JOUEZ
GRAMMAIRE
FRANÇAISE

Bérénice Capatti

Ce livre vous permettra de réviser la **grammaire** française de façon inhabituelle et amusante. Vous allez tester votre niveau de langue grâce aux exercices, aux grilles et aux mots croisés, regroupés par sections thématiques. Vous avez donc la possibilité de suivre l'ordre qui vous convient. En même temps, vous allez pouvoir enrichir votre vocabulaire et votre connaissance de la civilisation française.

TABLE DE MATIÈRES

2ème NIVEAU

ACTIVITÉS BÉRÉNICE CAPATTI

DESSINS ANN MUKIAREL

EDITING LUCILLE DUPONT

La Spiga languages

1 LES ADJECTIFS ET PRONOMS DÉMONSTRATIFS

1.a Place les mots suivants dans la bonne colonne.

année • fruits • enfant • travail • gens • crayon
• film • adresse • incapable • table • fauteuil •
yeux • jour • argent • banques • bijoux • départ •
été • idée • couleur

CE	CES	CETTE	CET
....	....	....	....
....	....	....	....
....	....	....	....
....	....	....	....
....	....	....	....

1.b Choisis entre CES et SES et complète les phrases.

1. Ma tante et .... enfants sont partis à la mer.
2. .... fleurs sont très belles.
3. Il a de .... réactions!
4. Je n'aime pas .... personnes.
5. Elle a perdu toutes .... dents.
6. .... grands-parents sont très âgés.
7. .... fraises ne sont pas bonnes.
8. Chacun doit s'occuper de .... affaires.
9. .... vacances sont ennuyeuses ; j'ai préféré les vacances de l'été dernier.
10. Mon amie a passé .... vacances à l'étranger.

1.c Associe chaque mot à une image, puis choisis le mot qui convient et complète la phrase.

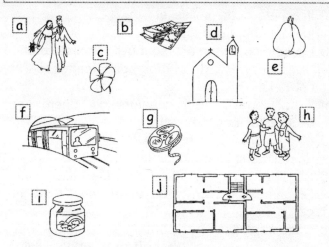

église • fleur • appartements • confiture • enfants • mariage • poires • métro • argent • film

1. Cette .... est trop sucrée.
2. Ce .... policier est super-violent.
3. Il déteste ce .... où il fait terriblement chaud.
4. Ces .... n'ont pas de cuisine.
5. Nous ne voulons pas de cet ....
6. Je préfère ces .... qui sont bien mûres.
7. Il a trouvé cette .... jaune.
8. Cette .... est très sombre.
9. Elle a dit à ces .... de faire moins de bruit dans la cour.
10. Ce .... civil a duré dix minutes.

1.d **Coche la bonne réponse et complète la phrase.**
1. J'aime le pain noir et .... avec des olives. [ce, celui, le]

3

2. Il achète cette valise et ....
[celle, cette, celle-là]

3. Les photos de ton ami sont belles mais je préfère
.... du photographe. [cettes, celles,
celles-là]

4. .... qui chantent cet opéra sont
excellents. [ces, ceux-ci, ceux]

5. Mes enfants sont partis avec ....
de ma sœur. [ceux, ceux-là, ceux-ci]

6. Il a dit .... en riant. [ce, celui, ceci]

7. On aime .... qu'on mange. [celui, ce,
cela]

8. Ces adresses ne sont plus bonnes mais
.... est juste. [cette, celui-là,
celle-là]

9. Donnez-moi des fruits : .... et ceux-là.
[ceci, ces, ceux-ci]

10. .... n'est pas vrai. [ce, cela, celui]

1.e Charade.
Trouve le mot de la première définition...
[ex. Mon premier est une souris = *rat*]
puis de la deuxième...
[ex. Mon deuxième est le contraire de tard = *tôt*]
et unis-les.
[Mon tout est un outil de jardinage = *rateau* (*rat+tôt*)]

Mon premier est un article indéfini ....
Mon deuxième est un animal fantastique (des
légendes)...
Mon troisième est la 3ème personne présent du
verbe *avoir* + " tif "...
Mon tout est en grammaire une catégorie
d'adjectifs...

2 LES ADJECTIFS ET LES PRONOMS INTERROGATIFS, LES ADJECTIFS EXCLAMATIFS

2.a Regarde les dessins et complète les phrases suivant l'exemple.

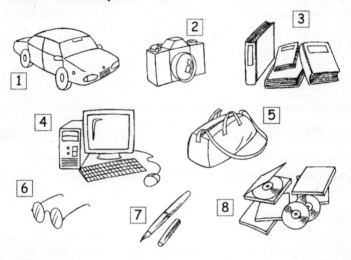

1. *Quelle voiture as-tu ?*
2. .... as-tu ?
3. .... as-tu ?
4. .... as-tu ?
5. .... as-tu ?
6. .... as-tu ?
7. .... as-tu ?
8. .... as-tu ?

2.b Mets le point d'interrogation ou le point d'exclamation suivant le cas.

A : Quel malchance... elle a reçu un pot de fleurs sur la tête en sortant.

B : Qui ça …

A : Ma voisine … Tu m'écoutes ou tu penses à autre chose …

B : Oui d'accord, mais quelle voisine … Celle de droite ou celle de gauche …

A : Corinne, celle de droite, bien sûr … Quelle question …

B : On l'a emmenée à l'hôpital …

A : Qu'est-ce que tu crois … Un pot de fleurs qui tombe d'une hauteur de dix mètres, ce n'est pas léger.

B : Bon, alors, attention … Marchons les yeux levés, on ne sait jamais.

2.c Pose les questions pour les réponses suivantes, comme dans l'exemple.

1. *Qui est-ce ?*
   C'est mon cousin Albert.

2. .... ?
   C'est François qui va parler.

3. .... ?
   Il fait du découpage.

4. .... ?
   Elle regarde son mari.

5. .... ?
   Il veut aller au cinéma.

6. .... ?
   Nous irons chez Paul.

7. .... ?
   J'ai appelé Claire et Marie.

8. .... ?
   Ces fleurs sont pour ma mère.

2.d Complète la comptine suivante.

Il est ....

...... vous l'a dit ?

La petite ....

Où est-elle ?

Dans la chapelle.

...... fait-elle ?

De la ....

Pour .... ?

Pour les dames et les messieurs de ....

2.e Le savais-tu ? Choisis la bonne réponse.

1. Qu'est-ce qu'un fléau ?
    a. Une calamité.
    b. Un fouet.
    c. Un instrument de musique.
2. Qu'est-ce qu'un factotum ?
    a. Un homme à tout faire.
    b. Un facteur.
    c. Une facture rédigée en latin.
3. Qu'est-ce qu'un ordinateur ?
    a. Un classeur.
    b. Un dictateur.
    c. Un appareil électronique.
4. Qu'est-ce qu'un flamand ?
    a. Un oiseau aux longues pattes.
    b. Un habitant de la Flandre.
    c. Un produit inflammable.

3 LES ADJECTIFS ET LES PRONOMS INDÉFINIS

3.a Regarde les images et complète les phrases avec les expressions suivantes.

personne • quelques • chaque • quelque chose • beaucoup de • rien

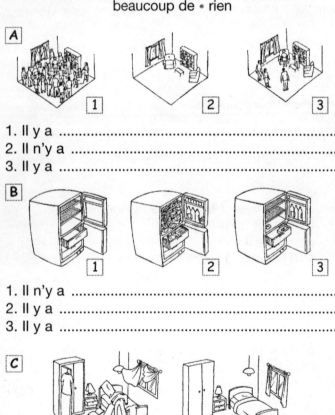

A

1. Il y a ....
2. Il n'y a ....
3. Il y a ....

B

1. Il n'y a ....
2. Il y a ....
3. Il y a ....

C

1. .... n'est à sa place.
2. .... chose est à sa place.

3.b Corrige les adjectifs et les pronoms indéfinis qui ne sont pas justes.

1. *Chaque* mes amis sont venus me dire au revoir à la gare.

....

2. Tu sais où il habite ? Je n'en sais *quelque chose*.

....

3. Je voulais dire *plusieurs* choses, mais je n'en ai dit *personne*.

....

4. Tu fais encore *quelques-unes* fautes mais ça va nettement mieux qu'avant.

....

5. *Toute* la famille est partie en vacances. *Rien* n'est resté à la maison.

....

6. À *tout* jour suffit sa peine.

....

7. *Chaque* les jours je vais marcher dans la forêt.

....

8. Elle a *beaucoup de* tableaux chez elle : *quelques* sont anciens, d'autres sont modernes.

....

3.c Associe chaque expression à son explication.

1. Chaque chose en son temps.
2. À chaque jour suffit sa peine.
3. À tout hasard.
4. Un seul être vous manque et tout est dépeuplé.
5. Ça ne me dit rien.
6. Qui ne risque rien n'a rien.
7. Je n'y peux rien.
8. Que personne ne bouge !

a. On ne sait jamais.
b. Il faut tenter pour réussir.
c. Sans la personne aimée on se sent seul.
d. Je n'ai pas envie.
e. Ce n'est pas ma faute.
f. Il ne faut pas être impatient.
g. Restez où vous êtes.
h. Affrontons nos problèmes jour par jour.

3.d Place les indéfinis suivants sous chaque dessin, en ordre progressif.

beaucoup • tout • rien • plusieurs • quelques

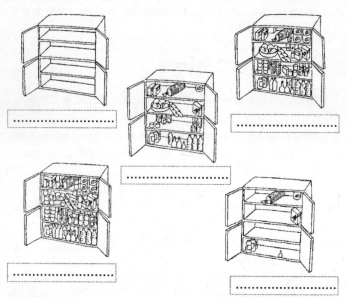

3.e Complète la grille horizontalement: tu obtiendras verticalement un pronom indéfini.

1. Elle a ...... possibilités.
2. J'ai ...... propositions de travail.

3. Ça ne sert à ....
4. .... ses amis sont sympathiques.
5. Il y a toujours .... de monde chez eux.
6. .... ne sait quand il va mourir.
7. .... sont gentils, d'autres sont désagréables.
8. Je n'ai ... à manger.

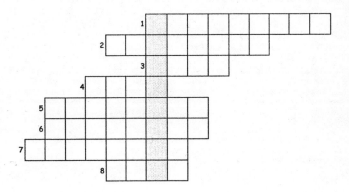

4 LES PRONOMS RELATIFS

4.a Complète les phrases avec *qui* ou *que/qu'*.

1. La fille .... j'ai rencontrée était souriante.
2. La fille .... m'a saluée est sympathique.
3. Le devoir .... j'ai fait était très difficile.
4. Le devoir .... le prof m'a donné à faire était très difficile.
5. L'homme .... vient vers nous est mon oncle.
6. L'homme .... elle appelle est son oncle.
7. Le prof .... l'aime bien l'encourage.
8. Le prof .... il aime bien l'encourage.
9. C'est la mère Michèle .... a perdu son chat.
10. C'est le chat .... la mère Michèle a perdu.

4.b **D'où vient ce bruit ? Réponds à la question en t'inspirant des images et en utilisant un pronom relatif comme dans l'exemple.**

1. *C'est le robinet qui perd.*
2. ....
3. ....
4. ....
5. ....
6. ....
7. ....
8. ....

4.c **Complète les blagues suivantes avec des pronoms relatifs.**

1. Chère tante Marceline,

Mes frères et moi nous avons tiré au sort pour savoir ...... allait t'écrire pour te souhaiter un bon anniversaire et c'est moi ...... ai perdu !

2. Quelle différence y a-t-il entre un garçon ...... a de la chance et un ...... n'en a pas ?
Celui ...... a de la chance arrive à tout et tout peut arriver à celui ...... n'en a pas !

4.d Jeu d'ombre. Associe chaque dessin à une définition et à un métier.

1. L'homme qui tient un pinceau à la main est un ....
2. L'homme qui est debout et qui tient un fer à cheval est un ....
3. L'homme qui est assis sur un tabouret, dont les mains sont en mouvement est un ....
4. L'homme qui est assis par terre et qui répare un filet ....

A. pêcheur
B. potier
C. peintre
D. forgeron

4.e Quel sont les douze mois de l'année ?
Associe un mois à chaque phrase, puis complète la grille avec les mois.

HORIZONTALEMENT

2. C'est la fin de l'année.
5. C'est le mois qui commence l'année.
6. C'est le mois qui précède l'été.
8. C'est le quatrième mois.
9. C'est le mois de la vendange.
10. C'est le dixième mois.

VERTICALEMENT

1. C'est le mois où on fête carnaval.
3. C'est le premier mois d'été.
4. Ce mois a un poisson.
5. C'est le mois du Cancer.
7. C'est le mois des saints et des morts.
8. C'est le mois de l'Assomption.

5 LES VERBES IRRÉGULIERS

5.a Coche la forme correcte et complète la phrase.

1. Je .... un gâteau, le dimanche.
   [faix, fait, fais]
2. Elle .... à la messe, le samedi soir.
   [va, vat, aille]
3. .... me voir demain.
   [vennez, venais, venez]
4. Nous .... une douche tous les matins. [prenons, prendons, prennons]
5. Ils .... voyager seuls.
   [pouvent, peuvent, pouvont]
6. ....-tu de la viande ou du poisson? [veux, veus, veuilles]
7. Elles .... la mer de leur chambre. [voyent, voient, voyont]
8. Il .... par cœur cette poésie.
   [save, sat, sait]
9. Vous .... toujours en retard.
   [étez, étes, êtes]
10. Ils .... couper les ongles de leur chat. [deuvent, doivent, doient]

5.b Après avoir lu le texte suivant, couvre-le et associe chaque image à un jour de la semaine. As-tu une bonne mémoire ?

Je suis française et j'habite à Trifouillis-les-oies dans une villa. J'ai un chien qui aboie beaucoup et un chat noir, mais aussi un enfant qui va à l'école.

Je suis très organisée : le lundi, je fais la lessive ; le mardi, je vais au marché ; le mercredi, je vois un film au cinéma ; le jeudi, je veux aller chez le coiffeur ; le vendredi, je prends un bain ; le samedi, je dois remplir le réfrigérateur ; et le dimanche, je peux me reposer ; je vais et je viens entre amis et famille. Je sais qu'il faut me reposer avant de recommencer une nouvelle semaine !

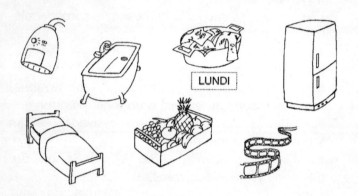

LUNDI

lundi • mardi • mercredi • jeudi • vendredi • samedi • dimanche

Et maintenant recopie le texte dans ton cahier en le mettant au pluriel quand le sens le permet (le verbe sera à la 1ère personne du pluriel).
Nous ...

5.c Qu'est-ce qu'il fait ?
Choisis le verbe approprié entre PRENDRE et ÊTRE.

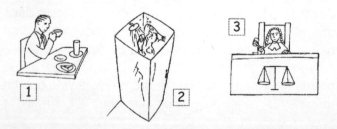

 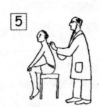 

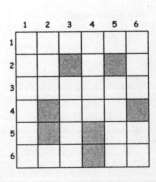

1. *Il prend* ....
2. ....
3. ....
4. ....
5. ....
6. ....

5.d Mots croisés

HORIZONTALEMENT

1. 1ère personne pluriel du présent du verbe ÊTRE
2. 1ère personne singulier du présent du verbe AVOIR
3. contraire de " achetés "
4. à la montagne, il est bon
5. négation
6. synonyme familier de " cheveu " ; conjonction de coordination

VERTICALEMENT

1. 3ème personne pluriel du présent de SAVOIR
2. son foie gras est exquis
3. crédule
4. 12 heures
5. vase funéraire
6. sigle d'appel au secours ; conjonction de coordination

17

6 LE PASSÉ COMPOSÉ

6.a Fais le bilan de la journée en choisissant les verbes appropriés, mets-les au passé composé et complète le texte avec les verbes suivants.

manger • pleuvoir • recevoir • avoir • perdre • tomber

Bonne journée : j'.. une mauvaise nouvelle, tu .... ton portefeuille, nous .... des pâtes trop cuites, vous .... par terre, ils .... une panne de voiture, et de plus il .... !

6.b Relie avec des flèches pour recomposer les phrases.

le boulanger	EST	cuit
le riz	A	descendu l'escalier comme une folle
il a trop bu, il	A	lavé sa voiture
elle m'a aidé, elle	S'EST	pris une cuite
la petite fille	S'EST	cuit son pain
elle	EST	lavé les mains
mon père	A	descendue à la cave
le cuisinier	A	descendu ma valise
la chatte	A	lavée

1. ....
2. ....
3. ....
4. ....
5. ....

6. ....
7. ....
8. ....
9. ....

6.c Parmi ces verbes, trouve cinq participes passés monosyllabiques et écris-les.

écrire • savoir • recevoir • mettre • lire • aller • tenir • pouvoir • boire

....

6.d Accorde le participe passé si nécessaire.
1. Une petite fille s'est couché…
2. Elles sont sorti…
3. Deux chats ont dormi… dans le fauteuil.
4. Elle s'est lavé… les dents.
5. Mon amie s'est promené…
6. La lettre que j'ai mis… dans la boîte est urgente.
7. Les rivaux se sont regardé… et se sont parlé…
8. Trois araignées ont filé… et se sont enfui…

7 L'IMPARFAIT

7.a Complète les phrases avec un verbe à l'imparfait.
1. Quand j'................................. un bébé, je .... du lait.
2. Nous .... à la maison avec les Lego qui .... très nombreux.
3. Nous .... toutes les boîtes et nous .... des maisons avec leurs habitants.
4. Tu .... maman pour qu'elle te défende quand nous nous ....

7b Complète les phrases avec les verbes suivants.

s'enrichissaient • rentraient • emmenait • habillions • répétait • allions • faisait • choisissais • travaillais • cousions • appeliez • sifflait • faisiez • regardaient • préparait • t'asseyais • mangions • bouillait • venions • mouraient

1. Autrefois, les paysans .... de faim et les nobles ....
2. Quand il .... beau, nous .... au parc.
3. Si je .... bien à l'école, mon père m'............................... au cirque.
4. Le perroquet .... son nom et le merle .... *La pie voleuse* de Rossini.
5. Les vaches .... passer le train de 14h et .... à l'étable.
6. L'eau .... et on .... le thé.
7. Tu .... une BD et tu .... par terre pour la lire.
8. Vous .... votre lit, puis vous .... vos amis pour jouer.
9. Nous .... rapidement et nous .... vous voir.
10. Nous .... des vêtements de poupée avec lesquels nous les ....

7.c Charade

Mon premier est comme la route mais en ville ....
Mon deuxième est une note de musique ....
Mons troisième est une partie de la figure ....
Mon tout est une activité de la vache ....

8 LE FUTUR PROCHE, LE PASSÉ RÉCENT, ÊTRE EN TRAIN DE...

8.a Regarde les images et complète les phrases.

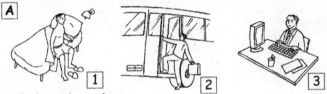

A

1. Il vient de se lever.
2. Il est en train d'aller travailler.
3. Il va être au bureau.

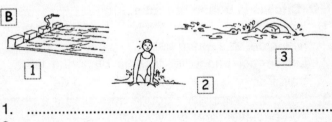

B

1. ....
2. ....
3. ....

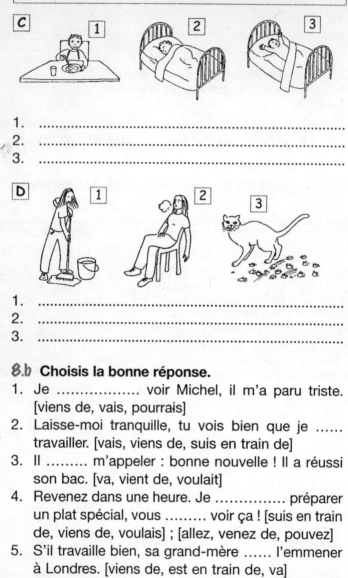

1. ....
2. ....
3. ....

1. ....
2. ....
3. ....

8.b Choisis la bonne réponse.

1. Je .... voir Michel, il m'a paru triste. [viens de, vais, pourrais]

2. Laisse-moi tranquille, tu vois bien que je ...... travailler. [vais, viens de, suis en train de]

3. Il .... m'appeler : bonne nouvelle ! Il a réussi son bac. [va, vient de, voulait]

4. Revenez dans une heure. Je .... préparer un plat spécial, vous .... voir ça ! [suis en train de, viens de, voulais] ; [allez, venez de, pouvez]

5. S'il travaille bien, sa grand-mère ...... l'emmener à Londres. [viens de, est en train de, va]

6. Attends ! Je .... réfléchir. [vais, suis en train de, peux]

8.c Associe la première partie de la phrase à une image et écris sous l'image la fin de la phrase.

1. Catherine est en vacances. Elle est en train de...
2. Florence est secrétaire. Elle vient de...
3. Julie aime les glaces. Elle va ......
4. Pauline est désordonnée. Mais elle est en train de...
5. Claire aime lire. Elle va ......
6. Geneviève souffre. Elle vient de ...

9 LES ADVERBES

9.a Forme l'adverbe correspondant à chaque adjectif et mets-le dans la bonne colonne.

bas • évident • doux • bruyant • léger • prudent • vif • méchant • violent • grand • apparent • puissant

-EMENT	-AMMENT	-EMMENT
....	....	....
....	....	....
....	....	....
....	....	....
....	....	....

9.b Adverbes de manière. Trouve le contraire de chaque adverbe.

vite ....

bien ....

doucement ....

heureusement ....

9.c Adverbes de qualité. Complète les phrases en utilisant les adverbes suivants.

assez • aussi • tant • beaucoup • moins • peu • trop • excessivement

1. On mange ...., on boit .... et on ne fait pas .... de sport. Résultat : on est gros !
2. C'est .... cher pour un .... petit tableau.
3. Il se donne .... de mal pour .... de chose.
4. .... on fait, ... on a envie de faire.
5. Mille euros ? Ça ne vaut pas .... que ça !

9.d Adverbes de temps. Associe les adverbes par couple d'opposition.

dessous • au-dedans • derrière • ici • devant •
dessus • ailleurs • au-dehors

....

....

....

....

9.e Adverbes d'affirmation et de négation. Complète le dialogue avec les adverbes suivants.

oui • non • jamais • rien • ne • pas • volontiers • si

Tu viens chez Amélie ce soir ?

Je n'en sais ....

Pourquoi ? Tu n'as pas envie ?

..............., j'ai envie, mais...

.... ou .... ?

Je viens ...., mais je ne suis pas libre

avant minuit.

Et alors ?

25

Je me demandais si tu voulais bien

m'attendre pour qu'on y aille ensemble.

 Alors ça ! .... de la vie !

Bon, alors, voici ma réponse : je ....

viens ...., et c'est terminé.

9.f Mots croisés

HORIZONTALEMENT

I   Nous l'allumons le soir pour voir clair.

III Voir le dessin

V   Elle est blanche et elle tombe l'hiver dans
    certains pays.

VERTICALEMENT

1. Si le professeur vous en donne une à apprendre,
    vous devez la savoir.

3. Jour de la semaine

5. Il met quelque chose plus haut, il l'...............

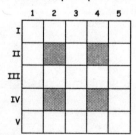

9.g Mots croisés

HORIZONTALEMENT

I Voir le dessin
III C'est le contraire de "plus"
V Il va à l'école.

VERTICALEMENT

1. Il est son mari, elle est sa ......
3. On la coupe sur le dos des moutons
5. On boit le café dedans

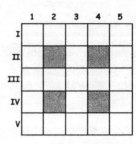

CLÉS

1.a CE : travail, crayon, film, fauteuil, jour, départ
CES : fruits, gens, banques, bijoux, yeux
CETTE : année, adresse, table, idée, couleur, été
CET : enfant, incapable, argent

1.b 1. ses, 2. ces, 3. ces, 4. ces, 5. ses, 6. ses, 7. ces, 8. ses, 9. ces, 10. ses

1.c 1.-i confiture ; 2.-g film ; 3.-f métro ; 4.-j appartements ; 5.-b argent ; 6.-e poires ; 7.-c fleur ; 8.-d église ; 9.-h enfants ; 10.-a mariage

1.d 1. celui, 2. celle-là, 3. celles, 4. ceux, 5. ceux, 6. ceci, 7. ce, 8. celle-là, 9. ceux-ci, 10. cela

1.e des + monstre + a + tif (DÉMONSTRATIF)

2.a 1. Quelle voiture as-tu ? 2. Quel appareil photo as-tu ? 3. Quels livres as-tu ? 4. Quel ordinateur as-tu ? 5. Quel sac as-tu ? 6. Quelles lunettes as-tu ? 7. Quel stylo as-tu ? 8. Quels CD as-tu ?

2.b A : Quelle malchance ! Elle a reçu un pot de fleurs sur la tête en sortant.
B : Qui ça ?
A : Ma voisine ! Tu m'écoutes ou tu penses à autre chose ?
B : Oui d'accord, mais quelle voisine ? Celle de droite ou celle de gauche ?
A : Corinne, celle de droite, bien sûr ! Quelle question !
B : On l'a emmenée à l'hôpital ?
A : Qu'est-ce que tu crois ? Un pot de fleurs qui tombe d'une hauteur de dix mètres, ce n'est pas léger.
B : Bon, alors, attention ! Marchons les yeux levés, on ne sait jamais.

2.c 2. Qui va parler ? 3. Qu'est-ce qu'il fait ? 4. Qui est-ce qu'elle regarde ? 5. Où veut-il aller ? 6. Chez qui irez-vous ? 7. Qui as-tu appelé ? 8. Pour qui sont ces fleurs ?

2.d midi, qui, souris, que, dentelle, pour qui, Paris

2.e 1. a ; 2. a ; 3. c ; 4. b

3.a A 1. Il y a beaucoup de monde ; 2. Il n'y a personne ; 3. Il y a quelques personnes.
B 1. Il n'y a rien ; 2. Il y a beaucoup de nourriture ; 3. Il y a quelque chose.
C 1. Rien n'est à sa place ; 2. Chaque chose est à sa place.

3.b 1. tous 2. rien 3. plusieurs, aucune 4. quelques 5. toute, personne 6. chaque 7. tous 8.beaucoup de, certains

3.c 1. f ; 2. h ; 3. a ; 4. c ; 5. d ; 6. b ; 7. e ; 8. g

3.d rien ; plusieurs ; beaucoup ; tout ; quelques

3.e

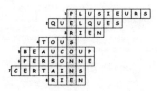

4.a 1. que 2. qui 3. que 4. que 5. qui 6. qu' 7. qui 8. qu' 9. qui 10. que

4.b 2. C'est une petite fille qui joue au ballon. 3. C'est une ambulance qui passe. 4. C'est un garçon qui écoute sa chaîne hifi. 5. C'est un homme qui est tombé dans les escaliers. 6. C'est un réveil qui sonne. 7. C'est un téléphone qui sonne. 8. C'est un bébé qui crie.

4.c Toujours qui.

4.d 1. c B ; 2. b D ; 3. d A ; 4. a C

4.e

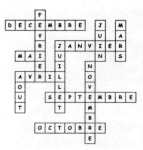

5.a 1. fais, 2. va, 3. venez, 4. prenons, 5. peuvent, 6. veux, 7. voient, 8. sait, 9. êtes, 10. doivent

5.b Nous sommes françaises et nous habitons à T… Nous avons des chiens qui aboient beaucoup et des chats noirs, mais aussi des enfants qui vont à l'école. Nous sommes très organisées: le lundi, nous faisons la… nous allons… nous voyons… nous voulons… nous prenons un… nous devons… nous pouvons nous reposer ; nous allons et venons entre… Nous savons qu'il faut nous reposer…

5.c 1. il prend son petit déjeuner ; 2. il prend une douche ; 3. il est juge ; 4. il est boulanger ; 5. il est médecin ; 6. il prend un bain

5.d

	1	2	3	4	5	6
1	S	O	M	M	E	S
2	A	I		I		O
3	V	E	N	D	U	S
4	E		A	I	R	
5	N		I		N	E
6	T	I	F		E	T

6.a j'ai reçu, tu as perdu, nous avons mangé, vous êtes tombés, ils ont eu, il a plu

6.b 1. le boulanger a cuit son pain ; 2. le riz est cuit ; 3. il a trop bu, il a pris une cuite ; 4. elle m'a aidé, elle a descendu ma valise ; 5. elle est descendue à la cave ; 6. la petite fille a descendu l'escalier comme une folle ; 7. mon père a lavé sa voiture ; 8. le cuisinier s'est lavé les mains ; 9. la chatte s'est lavée

6.c su, mis, lu, pu, bu

6.d 1. couchée ; 2. sorties ; 3. – ; 4. – ; 5. promenée ; 6. mise ; 7. regardés, – ; 8. enfuies

7.a 1. étais, buvais ; 2. jouions, étaient ; 3. prenions/ ouvrions, construisions ; 4. appelais, disputions

7.b 1. mouraient, s'enrichissaient ; 2. faisait, allions ; 3. travaillais, emmenait ; 4. répétait, sifflait ; 5. regardaient, rentraient ; 6. bouillait, préparait ; 7. choisissais, t'asseyais ; 8. faisiez, appeliez ; 9. mangions, venions ; 10. cousions, habillions

7.c 1. rue, 2. mi, 3. nez (RUMINER)

8.a B 1. Elle vient de plonger ; 2. Elle est en train de nager ; 3. Elle va sortir de l'eau
C. 1. Il vient de manger ; 2. Il est en train de dormir ; 3. Il va se réveiller
D. 1. Elle vient de nettoyer ; 2. Elle est en train de se reposer ; 3. Le chat va tout salir

8.b 1. viens de ; 2. suis en train de ; 3. vient de ; 4. suis en train, allez ; 5. va ; 6. suis en train de

8.c a. nettoyer ; b. tomber ; c. se faire bronzer ; d. lire sous un arbre ; e. écrire une lettre ; f. en acheter une
1.c ; 2. e ; 3. f ; 4.a ; 5.d ; 6.b

9.a
-EMENT : bassement ; doucement ; légèrement ;

vivement ; grandement ;
-AMMENT : bruyamment ;
méchamment ;
puissamment ;
-EMMENT : évidemment ;
prudemment ; violemment ;
apparemment ;

9.b 1. lentement ; 2. mal ; 3.
fort ; 4. malheureusement

9.c 1. trop, trop, assez ; 2.
excessivement, aussi ; 3.
beaucoup, peu ; 4. moins,
moins ; 5. autant

9.d dessous/dessus ;
au-dedans/au-dehors ;
derrière/devant ; ici/ailleurs

9.e rien, si, oui, non,
volontiers, jamais, ne, pas

9.f

9.g

© 2005 La Spiga languages • IMPRIMÉ EN ITALIE PAR TECHNO MEDIA REFERENCE • Milan
DISTRIBUÉ PAR MEDIALIBRI • VIA IDRO 38, 20132 Milan • ITALIE • TÉL. 02 27207255 • FAX 02 2567179